AF347352

APPLICATION

DE LA

PHOTOGRAPHIE

A LA

GRAVURE SUR BOIS

PARIS. — TYPOGRAPHIE DE J. BEST,
Rue St-Maur-St-Germain, 15.

APPLICATION

DE LA

PHOTOGRAPHIE

A LA

GRAVURE SUR BOIS

PAR

EUGÈNE BAROUX

Graveur de vignettes sur bois

PARIS

CHEZ L'AUTEUR

RUE JACOB, 33.

—

1863

APPLICATION

DE LA

PHOTOGRAPHIE

A LA

GRAVURE SUR BOIS

Par le secours de la photographie, la gravure sur bois acquiert un nouveau degré d'exactitude et de facilité très-favorable à une foule d'applications diverses :

PORTRAITS, — PIÈCES ANATOMIQUES, — DÉTAILS D'HISTOIRE NATURELLE, DE PHYSIOLOGIE, D'OSTÉOLOGIE, DE BOTANIQUE, — OBSERVATIONS MICROSCOPIQUES, — CRISTALLOGRAPHIE, — MACHINES INDUSTRIELLES, — BAS-RELIEFS ET FAÇADES ORNEMENTÉES, — TABLEAUX OU GRAVURES DE MAITRES, SCULPTURES, DESSINS ORIGINAUX, — ARCHÉOLOGIE, INSCRIPTIONS ANTIQUES, — IMAGES, MINIATURES, ARABESQUES, VIEUX MANUSCRITS DE TOUTE ORIGINE ET EN TOUTE LANGUE,

— Autographes, fac-simile, — Médailles, écussons, catalogues, etc. — Réductions et grandissements.

Sans doute, c'était un problème difficile que cette application nouvelle de la photographie, et nous avons vu bien des essais qui n'atteignaient pas le but. Graveur de vignettes sur bois depuis vingt ans, élève de MM. Best, Hotelin et Régnier, et familier avec les procédés de la photographie, nous étions bien placé pour chercher cette solution, et nous croyons l'avoir trouvée d'une manière satisfaisante. Nous pourrions rapporter le témoignage de nombreuses personnes compétentes qui ont examiné avec soin nos produits photographiques. On peut voir dans les journaux plusieurs articles, signés des écrivains les plus experts et qui considèrent le problème comme complétement résolu par nous : *Journal des débats* du 20 juin 1862, *Science pour tous* du 24 juillet 1862 et du 22 janvier 1863, *Temps* du 26 juillet 1862, *Moniteur de la photographie* du 1er août 1862, *les Mondes*, revue scientifique, du 5 mars et du 2 avril 1863, etc. Déjà la *Revue des sciences* du 1er octobre 1861 mentionnait que nous avions atteint le but.

La gravure sur bois, on le sait, exige deux

opérations : on trace le dessin sur la planche de buis blanchie à la céruse, et l'on taille le bois avec le burin, qui creuse les blancs et laisse les noirs en relief. La fidélité d'une reproduction dépend

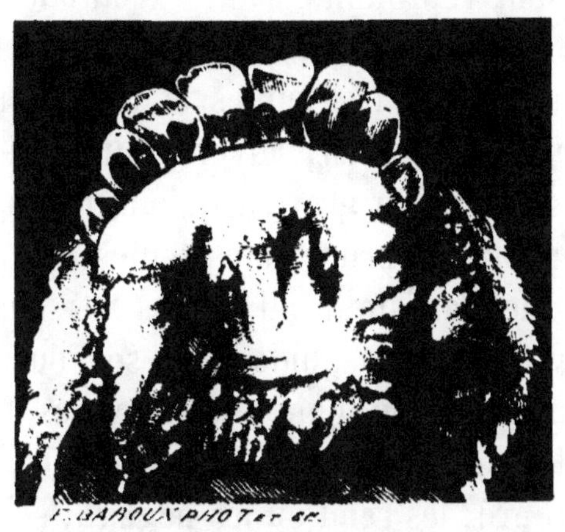

Mâchoire inférieure de mouton photographiée d'après nature et gravée sur bois. — La signature qui termine cette notice a été obtenue par les mêmes procédés.

donc à la fois du dessinateur et du graveur. Nous remplaçons ce dessin au crayon par une image photographique sur le buis même ; nous obtenons ainsi une fidélité, une finesse de détails, une interprétation des moindres nuances, une ressemblance parfaite, en un mot, à laquelle ne saurait viser la main la plus habile.

Cette image photographique est d'une grande netteté ; les blancs du modèle y sont très-blancs, et les noirs très-noirs ; toutes les teintes et demi-teintes s'y distinguent parfaitement ; les moindres détails y sont reproduits avec exactitude, quelle qu'en soit la complication, aussi bien que la série complète de toutes les teintes et dans l'ordre de leur gradation. Jusqu'ici, au contraire, on n'avait obtenu sur le bois du graveur qu'une photographie sans aucun blanc, brune dans toutes ses parties, en sorte que l'artiste avait toutes les peines du monde à y trouver un guide pour son burin.

Tous les détails, en lignes et en teintes, en tracé et en modelé, se trouvant ainsi sur le bois, le graveur, à son gré, les rend ou les néglige, selon qu'il s'agit d'avoir un travail plus ou moins fini : question de temps et de prix.

Nous obtenons l'image ou de la grandeur de l'objet, ou diminuée, ou grandie dans la proportion que chacun désire.

Une imperfection évidente, c'était le retournement des objets, dont la droite devenait la gauche sur l'image, et *vice versâ ;* outre qu'on plaçait ainsi à faux une décoration, une cicatrice, une aile de bâtiment, on dénaturait le caractère de l'œuvre en renversant tous les effets de lumière. Pour nous,

nous prenons à volonté l'image droite ou renversée, selon l'exigence des cas.

Nous la prenons soit d'après nature, soit d'après une photographie, une gravure, même d'après une toile à l'huile.

Notre blanc de l'image est très-solide, et résiste, comme toute l'image, au frottement de la main. Cependant, si nous voulons recommencer une épreuve, nous n'avons qu'à frotter la surface avec un linge humide, et nous recommençons sur ce même bois.

Si les essais tentés jusqu'ici ont été frappés d'insuccès, c'est surtout parce que ce traitement par les substances photographiques rendait le bois impropre à recevoir le travail du burin.

Très-souvent le buis, dont la couleur jaune est si nécessaire au graveur, s'en trouvait noirci ou bruni à une certaine profondeur, ou tout au moins imprégné de substances qui, mises à découvert par la taille du burin, noircissaient promptement à la lumière. Alors le fond des sillons se confondait pour l'œil avec le dessin, noir comme lui ; d'où confusion des lignes, indécision des contours, et grande difficulté de suivre avec certitude l'opération de la gravure. Et après la première épreuve, comme on ne l'obtient qu'en noircissant tous les reliefs, on n'apercevait plus partout qu'une teinte uniforme de noir où les retouches devenaient impossibles.

Dans notre méthode, au contraire, le bois n'est *nullement attaqué*, pas même à sa surface, et montre partout sa teinte naturelle dès que le burin, par la plus légère entaille, a enlevé la couche photographique.

Et cette couche n'a qu'une épaisseur extrêmement faible. C'est une condition indispensable ; car, sans cela, le burin n'attaquant le buis qu'à travers le dessin photographié, qui doit être enlevé pour le tirage des épreuves, le bois, ainsi dépouillé, s'en trouvait insuffisamment creusé, par conséquent trop noir, et laissait trop à retoucher.

On avait tantôt une couche photographique trop molle, qui se déchirait au lieu de se trancher avec netteté sous l'outil ; tantôt, trop sèche, elle s'écaillait et s'enlevait par tailles irrégulières.

Souvent la couche photographique formait une surface lisse comme le papier-glace, sur laquelle le crayon glissait sans prendre, ce qui rendait impossible toute correction. Sur notre image, le crayon marque en traits vigoureux ; on peut donc corriger ou modifier le modèle, et indiquer, s'il le faut, les tailles, quoique l'habile graveur n'en ait pas besoin, son burin exercé aimant le libre essor et l'initiative, et se contentant de l'indication des tons divers. Selon les circonstances, nous retouchons et indiquons à la mine de plomb, à l'estompe, à l'encre de Chine.

La gravure terminée, si avant de faire l'épreuve on ne lavait pas assez le bois, il prendrait à la lumière une teinte rougeâtre dans les parties entaillées. Il n'en faut point conclure qu'il soit attaqué, puisqu'il n'a pas rougi pendant la gravure. C'est un effet de la révivification de la couche sensible par l'eau. Il suffit, pour l'éviter, de faire ce lavage à l'esprit-de-vin, avec une brosse, dans l'obscurité.

Nos bois ainsi gravés se clichent avec la même facilité que les gravures ordinaires, et avec plus de sûreté, parce qu'ils ont durci par nos préparations. C'est ce que nous avons pu remarquer dans nos divers clichés.

Ainsi, désormais la typographie a pour auxiliaire l'art du photographe dans l'impression des ouvrages illustrés. Au lieu de coller des images photographiques sur des espaces blancs réservés dans le texte, on fera usage de notre bois photographié et gravé, qui est employé par l'imprimeur comme ses caractères.

Les épreuves photographiques sur papier pâlissent avec le temps, tandis que nos gravures ne s'effacent jamais.

La gravure sur bois pourra donc reproduire très-fidèlement les œuvres des grands maîtres. Les portraits pourront se multiplier à l'infini, sans de grands frais et avec une ressemblance parfaite. Dessins à la plume, au crayon, gravures, paysages, monuments, en un mot tout ce qui se photographie peut se transporter sur bois et se graver.

Les peintres habiles qui ne dédaignent pas de multiplier leurs dessins par la gravure sur bois, n'aimant pas à travailler sur la céruse qui recouvre le buis, dessinent leur composition sur leur vélin ordinaire, d'où le dessinateur spécial la copie et transporte sur le buis, transport qui en change toujours plus ou moins le caractère. Par la photographie, ils sont assurés qu'elle sera fidèlement reproduite.

Le bois gravé, on le sait, et les nombreux clichés qu'il peut fournir, fonctionnant comme de vrais caractères d'imprimerie, permettent de tirer un nombre indéfini d'exemplaires ; on en obtient des dizaines de mille et même des centaines de mille, au lieu qu'un cliché de photographe n'en fournit pas toujours cent. L'exemplaire revient ainsi à très-bon marché, le coût primitif se trouvant réparti entre un si grand nombre.

Du reste, notre photogravure ne revient pas plus cher qu'une bonne gravure sur bois ordinaire. On ne recourra probablement à notre procédé que pour des ouvrages soignés, et, dans ce cas, notre photographie coûtant moins qu'un dessin bien fait, la différence de prix peut être employée à obtenir une gravure plus finie.

Selon les besoins, nous livrons nos bois photographiés, ou bien nous nous chargeons nous-même de les graver.

Les prix sont très-divers, suivant la nature des travaux. Ils peuvent varier, pour la photographie du bois, de 10 à 30 centimes le centimètre carré, et pour la gravure de 25 à 60 centimes environ.

Souvent le buis perdait la dureté qui est nécessaire pour la pureté des tailles, et dont il a besoin d'ailleurs pour résister dans le tirage à la presse, et surtout pour permettre de prendre des clichés, afin de ménager la gravure type.

D'autres fois, le bois aspirait inégalement les sels photographiques, suivant les courbes concentriques de ses veines naturelles, qui y devenaient autant de lignes noires jetant la confusion dans le dessin.

Aucun de ces inconvénients n'est à craindre par notre procédé. Le buis y devient plus compacte, les veines n'y prennent pas de teinte, la couche légère n'apporte aucun obstacle au burin. Toutes les qualités spéciales du bois sont non-seulement conservées, mais améliorées par notre préparation. La taille est aussi facile que sur le buis ordinaire, et comme le buis a gagné en dureté, on y obtient des traits extrèmement minces et très-purs, qui conservent une grande force de résistance, même les points en relief résultant des tailles blanches, tandis que, dans les bois attaqués, ces points sont impossibles, les tailles en relief s'égrènent, les traits fins se rongent, et souvent ne résistent pas à l'opération du clichage.

Les autres procédés essayés dans ces derniers temps, héliographie, lithochromie, etc., ne donnent également que des lignes sans pureté, défectuosité qui paraît surtout dans les traits fins.

Souvent les bois photographiés exhalaient une odeur forte et irritante, peu salubre pour l'artiste graveur. Nous n'employons, nous, aucune substance qui puisse être dangereuse ou nuisible à la santé.

Il n'y a pas à craindre non plus qu'à leur contact les outils se détériorent, comme il arrivait assez fréquemment.

Eug. Baroux

FIN.